L. CHARBONNEAU-LASSAY

UNE EXCURSION ARCHÉOLOGIQUE

EN VENDÉE

LES RETRANCHEMENTS DU PUYTHUMÉ

A SAINT-MARTIN-LARS-EN-SAINTE-HERMINE

VANNES

IMPRIMERIE LAFOLYE FRÈRES

1905

EXTRAIT DE LA
Revue du Bas-Poitou.

L. CHARBONNEAU-LASSAY

UNE EXCURSION ARCHÉOLOGIQUE

EN VENDÉE

LES RETRANCHEMENTS DU PUYTHUMÉ

A SAINT-MARTIN-LARS-EN-SAINTE-HERMINE

VANNES

IMPRIMERIE LAFOLYE FRÈRES

1905

UNE

EXCURSION ARCHÉOLOGIQUE EN VENDÉE

LES RETRANCHEMENTS DU PUYTHUMÉ
A SAINT-MARTIN-LARS-EN-SAINTE-HERMINE.

IL y a quelques semaines à peine, par une pluie torrentielle, je quittais, en compagnie du laborieux et très érudit directeur de cette *Revue*, le gracieux ermitage de Beauregard et nous nous dirigions vers Saint-Martin-Lars-en-Sainte-Hermine où nous attirait une bien aimable invitation du châtelain de la Bironnière, M. le baron de Lauzon.

De Mouilleron jusqu'à Saint-Martin c'est une assez jolie trotte et le grand carrossier qui nous emportait, à très vive allure cependant, dut bien maugréer ferme contre les routes détrempées et les averses continuelles !

Pourtant comme elle était belle, sous son vêtement ouatté de brumes toute cette grande plaine de Pareds, mollement ondulée, avec ses massifs de vieux arbres que dominent au nord-ouest les hauteurs de Chantonnay, et, de l'autre côté, les coteaux de la Caillière, Saint-Maurice et Cheffois, sombre fond sur lequel, entre les averses, s'enlevait en plein relief la tour grise de Bazoges, altière encore comme aux jours lointains de sa prime jeunesse.

Puymain, la Jaudonnière sont passés... et bientôt nous entrons dans les grands bois qui entourent la Bironnière ; la pluie cesse et la route devient superbement belle avec ses bordures de sapins, de vieux chênes et ses théories de sveltes bouleaux dont les troncs blancs coupent de lignes très vives le vert plus sévère du sous-bois.

Enfin, la Bironnière !... La châtelaine, M. de Lauzon et, avec eux, le beau soleil nous y accueillent, luttant de courtoisie pour recevoir les archéologues pèlerins.

. . . .

Dès midi nous étions à l'étude des retranchements en terre que M. de Lauzon avait découverts, au printemps passé, dans les bois voisins du Puythumé, propriété de M. de Carheil-Tinguy (1). Etablis sur un promontoire étroit, bande de terre escarpée, resserrée entre les vallées de deux ruisseaux autrefois converties en étangs successifs, ces retranchements occupent une position incontestablement avantageuse. Ils se composent de trois enceintes de forme oblongue en tête desquelles une enceinte circulaire de moindre surface (point Z de la planche) semble jouer, par rapport au reste des travaux, un rôle analogue à celui de donjon dans la castramétation du moyen-âge.

Cette enceinte circulaire est délimitée par un fossé dont l'ouverture mesure, en moyenne, environ 10 à 12 mètres, 4 mètres de surface horizontale au fond, et 5 mètres de pente à l'escarpe extérieure ; du côté intérieur, la hauteur de l'escarpe a été augmentée de toute la terre sortie du fossé ; grâce à cet *agger* ou *vallum* le fond de l'enceinte forme une sorte de cuvette que devait protéger, au sommet du bourrelet de terre, une palissade de pieux (le vallum proprement dit).

Le diamètre de la circonférence limitée par le fossé est de 40 mètres, chiffre rond.

En *a* le fossé est interrompu pour donner passage dans l'enceinte oblongue Y et ce passage semble défendu par un monticule de terre ; deux autres tertres (2) s'élèvent aussi aux

(1) Le Puythumé a successivement appartenu aux familles Simoneau, de Bernon, de Béjarry et de Tinguy. Il est aujourd'hui la propriété de M. de Carheil qui a épousé une demoiselle de Tinguy.

(2) Le tertre le plus rapproché du point *a* vient d'être fouillé, il était simplement formé de terre.

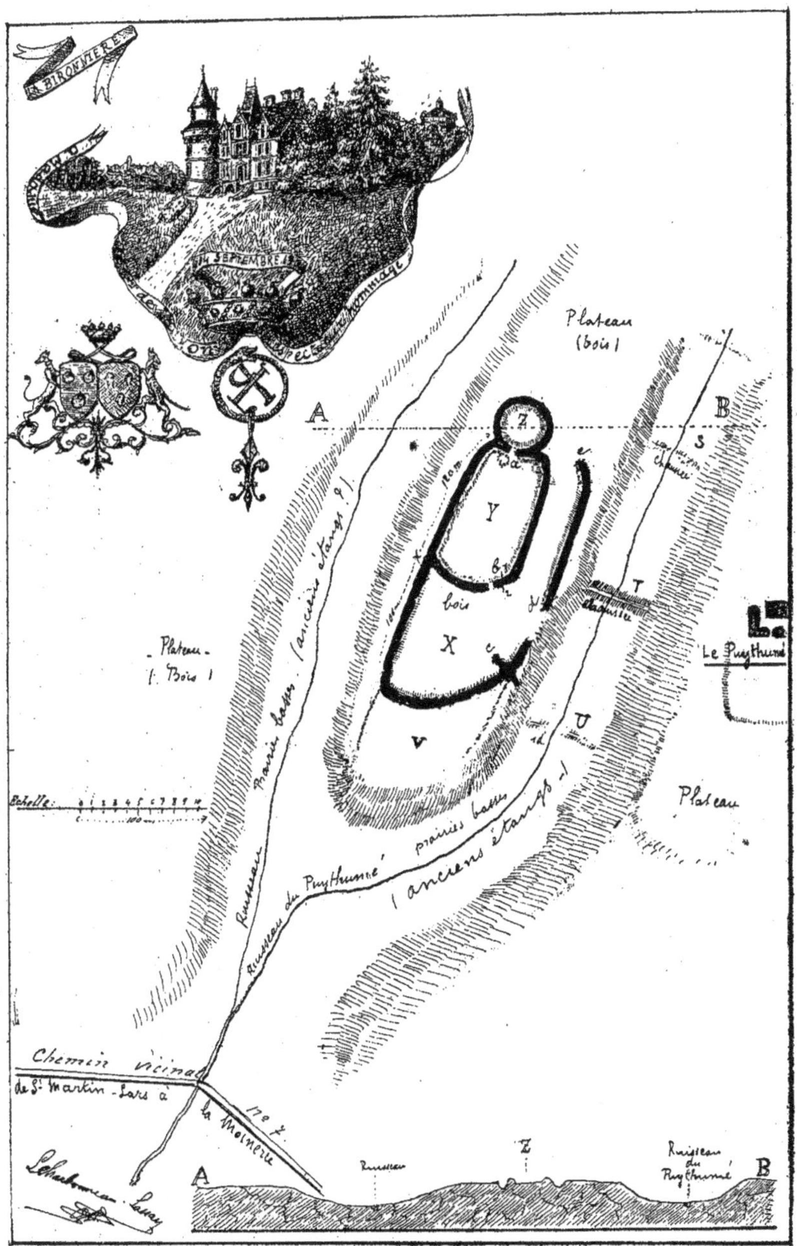

LA BIRONNIÈRE
14 SEPTEMBRE
Plateau (bois)
A
B
S
Plateau (Bois)
Z
Y
bois
X
T
Le Puythumé
V
U
Plateau
Echelle
100 m
Ruisseau du Puythumé (anciens étangs)
prairies basses (anciens étangs)
Chemin vicinal de St Martin-Lars à la Moinerie
A
Ruisseau
Z
Ruisseau du Puythumé
B

points où les fossés de l'enceinte Y viennent se souder au fossé circulaire.

En *b*, passage analogue à celui du point *a*. La partie X des retranchements ne forme pas clôture fermée, au point *c* le fossé est coupé par une courte tranchée transversale dont une branche remonte vers le plateau pendant que l'autre descend vers la prairie : En *d* le fossé d'enceinte semble avoir été comblé à une époque postérieure sur une quarantaine de mètres environ ; son extrémité, *e*, s'infléchit, sans cependant la rejoindre, vers l'enceinte circulaire.

Dans la partie V du plan une légère dépression du terrain ferait presque croire à de très petits fossés creusés dans la direction du pointillé et qui seraient venus mourir sur les pentes raides que baignaient les étangs de défense. (?...)

Les eaux des ruisseaux qui ceinturent le plateau étaient en effet retenues par des chaussées successives encore très visibles aux points U, T, S.

Nous avons relevé, aussi exactement que l'état de l'épais bois-taillis nous l'a permis, cet ensemble de terrassements dont le caractère défensif n'est, croyons-nous, pas contestable.

Reste la grosse question : a quelle époque ces

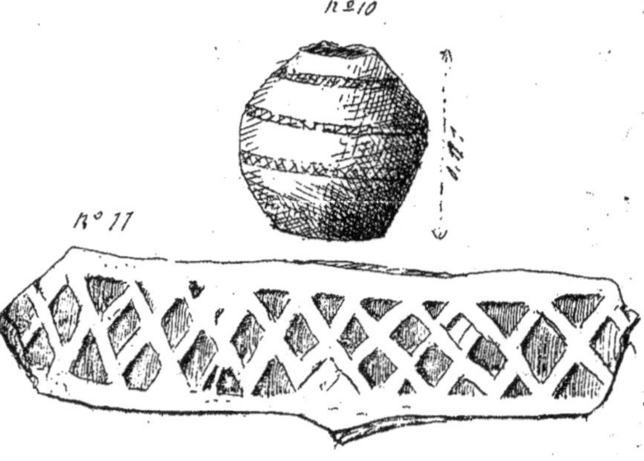

travaux appartiennent-ils ?... Aux temps préhistoriques, à la période romaine ou à l'époque barbare ?...

Tant que des fouilles d'observation n'auront pas été faites il sera téméraire de se prononcer d'une façon *absolue* ; mais si l'on s'en tient aux caractères extérieurs de ces enceintes, il est permis de risquer une attribution... provisoire. En procédant par élimination nous avons :

Temps Préhistoriques :

La position des retranchements du Puythumé, assis sur un promontoire élevé dominant deux vallées, entre bien dans la catégorie des assiettes choisies par les premiers stratégistes de notre pays pour leurs établissements : seulement nos enceintes présentent un élément essentiellement étranger à la castramétation préhistorique, c'est le *fossé*.

L'homme de France qui a le plus et le mieux étudié les fortifications préromaine et romaine, M. le général de la Noë auquel il faut toujours revenir pour les questions des camps anciens, pose l'*absence de fossé* comme un caractère constant de l'enceinte d'origine préhistorique, formée seulement par un remblai ou agger de terre (1).

De plus l'enceinte préhistorique consiste presque toujours en un ouvrage extrêmement simple, barrant transversalement l'extrémité du promontoire ; les fossés qui nous occupent offrent un tracé bien autrement compliqué.

Seulement je ne serais nullement surpris que les enceintes du Puythumé aient été posées à une époque postérieure sur l'emplacement d'une station néolitique. — Je dis *station* et non pas *camp*. Parmi les quarante et quelques stations de cette époque découvertes et étudiées par G. Béraud, de Châtillon, et moi, dans les vallées de la Sèvre-Nantaise et de l'Argent, et qui nous ont donné des milliers de silex taillés ou polis, plusieurs occupent des assiettes analogues au promontoire du Puythumé ;

____

(1) G. Lieut.-Col. de la Noë, *Principes de Fortification Antique*.

en sorte que des silex néolitiques pourraient être recueillis dans le terrain qui nous occupe sans que pour cela la date des terrassements doive nécessairement être reportée aussi loin.

Epoque Romaine :

Deux principales raisons combattent l'attribution des défenses du Puythumé à cette époque : d'abord l'emplacement choisi, puis la forme des travaux.

a) A quelques exceptions près, si rares que, selon le dicton, elles ne font que confirmer la règle, les Romains choisissaient pour bases de leurs établissements militaires, camps passagers ou enceintes de stationnement des endroits de facile accès : Hygin (1) recommande instamment les pentes douces et Végèce (2) proscrit absolument les positions escarpées; cela se conçoit à la seule pensée que les établissements romains n'étaient pas des camps de simple défensive mais encore des points d'offensive et qu'ils devaient en conséquence permettre des sorties faciles dans toutes les directions.

b) La castramétation romaine donnait toujours invariablement à ses ouvrages fortifiés une forme régulièrement géométrique : presque toujours rectangulaire ou carrée, très rarement ronde ou demi-circulaire, exceptionnellement, et à la basse époque seulement, triangulaire.

Ces règles ont été observées dans notre contrée comme ailleurs, c'est ainsi que le tracé du camp romain du Plessis-Bouchard, entre Mouilleron et Saint-Mars-des-Prés, présente un rectangle parfait et, à l'un des angles, une butte-vigie entourée par un fossé circulaire.

Nos enceintes du Puythumé sont bien loin d'avoir ce que M. de la Noë regarde comme le caractère essentiel de l'établissement romain : « *l'invariabilité* dans la *régularité* du tracé. »

(1) Hyginus, *De munitione castrorum.*
(2) Végèce, *De re mil.*
       (Citation du Général de la Noé, *Fortification ancienne*, t. ii, p. 8.)

Epoque Barbare :

Au Ve siècle par le fait des invasions quasi simultanées des Francs, des Wisigoths et des Burgondes les règles de la castramétation romaine furent délaissées aussi bien pour les nouveaux établissements militaires de campagne que pour la clôture des cités. Puis, vinrent les troubles qui durant des siècles ensanglantèrent constamment notre région : guerres entre les Leudes mérovingiens, invasion des Arabes en 752, lutte de Pépin le Bref et de l'Empereur son fils contre les ducs Hunald et Waïfre, guerre de la succession d'Aquitaine sous Louis le Débonnaire, Pépin et Charles le Chauve, enfin les multiples descentes des Normands sur les côtes poitevines et leurs incursions dans toute la Vendée, les Deux-Sèvres et la Saintonge en 830, 843 surtout quand ils pillent et détruisent à peu près tous les bourgs depuis Marans jusqu'à Niort et remontent vers les Herbiers et Tiffauges ; en 846 et 853, alors qu'ils battent le duc de Poitiers Rainulf, près de Fontenay, puis en 880 et plusieurs fois encore.

.Je croirais volontiers que les retranchements du Puythumé ont été établis à l'une de ces époques de violences, où chaque homme devenait forcément soldat, où tout endroit propice se couronnait d'ouvrages et servait de point de résistance contre les bandes de pillards armés qui parcouraient les campagnes.

J'espère que des recherches moins superficielles permettront plus tard une attribution précise.

. . . .

Le lendemain nous reprenions par Bazoges la route de Mouilleron, absolument charmés de l'amabilité des châtelains de la Bironnière et les admirables paysages qui se déroulaient sous nos yeux ne pouvaient nous enlever le souvenir des jolis bois et des larges allées de ce domaine aux arbres séculaires : pas plus que la pittoresque et grandiose architecture du donjon de Bazoges, auprès duquel nous passons, ne nous fait oublier la silhouette plus gracieuse de la tourelle d'angle qui flanque au midi l'élégante demeure de M. de Lauzon.

Puis c'est Beauregard ! Beauregard de Mouilleron avec ses féeriques charmilles et son rideau de collines vertes où, comme dans les contes de nos grand'mères, les moulins tournent, tournent, tournent... Beauregard avec ses vitrines et ses bahuts tout pleins de livres choisis entre les feuillets desquels l'histoire et la chronique du vieux Poitou reposent. Mystérieuse et calme retraite de travailleur obstiné, merveilleux cadre fait exprès, semble-t-il, pour celui que le regretté M. des Nouhes de la Cacaudière appelait tant à propos le laborieux *dom* Vallette.

L. CHARBONNEAU-LASSAY

Loudun, 20 septembre 1904.

*
* *

Depuis que j'écrivais les lignes qui précèdent, des fouilles d'étud·ont été faites par les soins de M. de Lauzon, avec l'autorisation très gracieuse de M. de Carheil.

Elles viennent de nous donner ces jours derniers — le texte précédent étant déjà sous presse — des résultats trop importants pour qu'il ne soit pas utile d'ajouter le présent post-datum.

Le remblai qui borde intérieurement tous les fossés de défense a été coupé en plusieurs endroits, notamment dans l'enceinte circulaire (*Z* du plan). Ces coupes ont démontré que le *vallum* ne contenait aucun muraillement; d'autres tranchées ont été faites dans cette même enceinte ronde; elles ont mis à jour des tuiles convexes anciennes indiquant le haut moyen-âge, en quantité suffisante pour permettre de croire qu'une partie de cette enceinte a été autrefois couverte. Les recherches faites dans l'enceinte ronde n'ayant amené la découverte d'aucune maçonnerie, il est à supposer que la toiture ne reposait que sur des supports de bois, peut-être reliés par des cloisonnements de même nature.

Des tranchées ont été pratiquées dans le lit des fossés des enceintes *Z* et *Y* ; elles n'ont fourni aucun renseignement sauf aux passages *a* et *b*, ce qui semblerait indiquer que ces issues, bien que modifiées, complétées peut-être pour l'exploitation du bois, étaient quand même les entrées normales au temps de l'occupation active des enceintes.

Au point *a* du plan, la pioche nous a donné plusieurs débris de lampes gauloises. Au passage *b*, cette même époque gauloise nous a été clairement indiquée par des sépultures incinérées situées au-dessous du fond primitif du fossé.

Il importe de préciser le mode de ces ensevelissements qui datent les travaux de castramétation du Puythumé : au côté droit du passage *b* nous avions fait dans le fossé une coupe destinée à relever sa profondeur primitive ; arrivées au niveau où elles auraient dû rencontrer le sol vierge, les pioches tombèrent sur des gros moellons de *calcaire*, roche absolument étrangère au sol du promontoire, composé d'argile, de quartzites et de micaschistes.

Sous les blocs de calcaire des vases avaient été déposés ; tous, sauf un (n° 10) avaient été écrasés par le poids des pierres et des terres supérieures. Pourtant les précautions prises pour leur enlèvement ont permis les observations indispensables à l'étude scientifique :

Plusieurs de ces vases contenaient des restes d'aliments : ossements brisés et calcinés, attribuables à des bovidés jeunes, des dents de cheval, etc. ; d'autres contenaient de la poussière de charbon, mélangée de cendres difficiles à distinguer des terres, par suite de leur coloration ocrée due à l'infiltration des eaux qui avaient traversé la couche des schistes argileux. Plusieurs vases avaient été « calés » dans tout leur pourtour par des cailloux de la grosseur du poing ; d'autres avaient été jetés sans ordre, déjà brisés. Cette particularité se retrouve dans presque toutes les sépultures de cette époque.

Les débris, par leur juxtaposition ou le degré de leurs courbes, ont permis de restituer dans leurs grandes lignes quelques-uns de ces vases :

Nᵒˢ 2 et 3. Fragments de lampions funéraires gaulois.

N° 1.   Rebord de « jatte » avec les « poucées » décoratives, genre d'ornement qui s'est perpétué jusqu'à nos jours.

N° 6.   Grand et beau vase décoré de bandes portant un dessin réticulé en creux, reproduit plus loin (N° 11) d'après estampage. J'ai vu autrefois dans la collection Gabriel de Fontaines un pied de lampion trouvé en faisant les fondations du gentil castel de Saint-André-sur-Sèvre. J'ai sous les yeux le dessin de cet objet qui porte à sa base deux bandes ornées d'une ornementation réticulée absolument semblable à celui de nos vases du Puythumé.

N° 7.   Buire à goulot lattéral. Nous avons trouvé de nombreux débris de ce genre de vase.

N⁰ˢ 8 et 9. Parmi les objets en métal, à noter : un fer à cheval dont il n'est pas possible de distinguer les étampures; un instrument aratoire hybride qui pouvait être employé comme une pioche ou bien être actionné au moyen d'un manche coudé comme la pelle de nos terrassiers. Enfin une casserole! c'est la saison..... et j'en sais de moins respectables... mais, chut ! pas de politique.

Ces objets constituent un mobilier absolument analogue à celui des sépultures fouillées à Bournigal et au Boupère (Vendée) par Parenteau et aussi à ceux qui m'ont été fournis par les nécropoles gauloises que j'ai étudiées au Bourbelard de Pouzauges, aux Châteliers, à la Pommeraye (Vendée) à la Forêt-sur-Sèvre, à Saint-Marceau (Deux-Sèvres) et qui figuraient à l'Exposition Universelle de 1900.

Les ponnes incinérées ont été en usage dans notre région depuis l'époque marnienne de G. de Mortillet, c'est-à-dire le III⁰ siècle avant Jésus-Christ, jusque peu après l'invasion romaine : les plus récentes contiennent en effet des fragments de tuiles à rebord et de poterie samienne à couverte rouge.

Nos débris céramiques du Puythumé sont plus anciens.

Quelques archéologues se demanderont peut-être si nous sommes bien, au Puythumé, en présence de sépultures et si nos vases n'ont point été mis là pour une autre raison :

Pour le moment la question n'est pas là: ces vases sont incontestablement celtiques ; ils portent avec eux une date qu'on ne saurait discuter, d'autre part ils ont été placés où nous les avons trouvés — la coupe du terrain l'indique : n⁰ 1 — après que le fossé a été creusé, lequel par conséquent leur est antérieur, (de très peu selon toute apparence).

D'où l'on doit conclure :

Les retranchements du Puythumé, par leur forme, n'étant ni préhistoriques, ni romains, ne peuvent donc appartenir qu'à la période protohistorique intermédiaire entre les deux grandes époques susdites, ou à la période barbare qui précède et commence le moyen-âge. Or, les vases que les fouilles ont donnés forcent à les attribuer aux temps protohistoriques ou celtiques, et les tuiles plus récentes trouvées dans l'enceinte circulaire indiquent qu'ils ont été utilisés aussi dans le haut-moyen-âge, peut-être à l'époque des invasions normandes.

La Bironnière, décembre 1904.

Vannes. — Imprimerie LAFOLYE FRÈRES.